Pierre Maintus

Venu de loin

Poesie

Venu de loin

Amose Pierre Maintus

Copyright © 2018 CMS BOOK PUBLISHING

All rights reserved.

ISBN: **1726416054**

ISBN-13: **978-1726416054**

Venu de loin

Amose Pierre Maintus

CMS Book Publishing
1017 W. Oak Ridge rd, Suite D
Orlando, FL-32809
407-952-5182
cmsbookpublishing@gmail.com
www.cmsbookpublishing.com

Venu de loin

Des âmes nues sur le soleil
Mon coeur bat froid dans un stylo
Pour hachurer la mélodie
Des miracles épuisés
J'écris des vers contre natures

Anderson Dovilas
In Mémoire d'outre-monde

Amose Pierre Maintus

Elle

Elle ouvre ses jambes
Pour laisser entrer
Ceux qu'elle a enfantés

Sans joie, ni tristesse
Elle accomplit sa mission

Poursuivre sa destinée
Sans peine, ni remord
Son existence est désormais confirmé

Venu de loin

Paradis

Une pensée pour toi
Une pensée pour moi
Et déjà tu m'obsèdes

Seule dans mon sourire
Je lève le droit
Et tu m'appartiens

Mes yeux t'enveloppent
Mes jambes t'attirent
Mes hanches te hantent

Suis-moi
Comme deux aimants
Perdus dans le vide
Restons ensemble

Veux-tu jouir mon paradis
Embrasse-moi
Goutons du miel

Yeux dans les yeux
Prends-moi
Partageons nos fruits

Amose Pierre Maintus

Saveurs mélangées
Couleurs assorties
Vive la vie
Dans ce bonheur piégé dans nos sens

Venu de loin

Profondeur

Une pensée, une histoire, un cri
 Déjà je l'oublie
Ta démarche, ta silhouette
N'est qu'un souvenir
Sans mouvement de corps
Sans vibration utile
La stridence de ta présence
Me hante l'existence

Amose Pierre Maintus

Vagabond

Tu t'en vas encore
Entre tes va et vient
Personne ne te retient
Tu es libre

Tes pas sous le soleil
Ne laisse aucune trace
Invisiblement tu es libre

Ta pérégrination t'épuise
Les yeux cernés
Genoux fléchis
 Ta beauté est inexhaustible

Tes va et vient
Sans aucune trace d'espoir
Tes yeux ont cernés mon cœur
Je t'aime, et je t'aime encore

Venu de loin

Regret

L'odeur de ton parfum échappe à mes sens
Triste expression de vie
Ton corps s'envole
Mais ton visage persiste.

Amose Pierre Maintus

Tristesse

Aucune larme, je pleure
Aucun son, je crie
Personne ne m'entend
Illisible est devenue ma souffrance
Intangible est devenu mon corps dans la nuit

Pourquoi ce tumulte
Autour de moi?

Venu de loin

Mélange

Le temps s'assombrit
La nuit s'approche
Je vois le jour

Ma maison est endeuillée
Les larmes abondent les yeux
Mon visage s'ouvre sèche

La pluie tombe en adverse
Les canaux regorgent d'eaux
La sécheresse s'approche

Dans ce bas monde
Les pleurs et les sourires se mélangent
Le jour et la nuit se marient

Amose Pierre Maintus

Ta source

Mon amour est réchauffé par le soleil
Rien ne peut l'éclore
Chut… vient
Réchauffons nos cœurs

Et voila cette chaleur
De mes orteils à mes cuirs chevelures
Je vais exploser
J'ai besoin de ta présence

Eclipser par le soleil
L'horizon s'est fait atténuer de fraicheur
dans le départ du jour

Passionnée, enivrée
Fatiguée
Je m'abandonne à ton ombre

Venu de loin

Ton envol

Regard fixé sur mes hanches
La tête vide
Tu prends ton envol

Accroché à ce mat de silence
Tu ne penses qu'à ton atterrissage
Pourtant, la piste est brouillée
Ton atterrissage est forcé

Amose Pierre Maintus

Misère, misère

Je t'ai ouvert mon cœur
Je t'ai donné ma vie
Et La semence est grande
La récolte est minime

Je t'ai ouvert mes reins
Je t'ai donné mon âme
Le don est meilleur

Le chapeau s'est envolé
Le vent l'a emporté
Tout est à nu

Venu de loin

À la découverte de soi

Michelle, les verres cassés
Les portes brisées
Te rendent encore Plus forte

Le cœur brisé
Âme meurtrie
Ne saurait raturer
Ton destin

Tes pas dan l'incertitude
Effraie le chemin
Tandis qu'avec les yeux
Et le cœur qui s'ouvre sur l'horizon
Tu sauras t'orienter

Amose Pierre Maintus

Ici

On n'a pas besoin du soleil
Pour que l'air soit doux
Quand des mélodies coulent dans les ruisseaux

Des fleurs vont valser dans le jour
Les papillons vont dompter la chaleur
Et des jeunes âgé de liqueur
Fêterons à midi la chute des étoiles du soir

Venu de loin

Toi et moi

Avec toi mille et une nuit
Ne saurait suffit
Les pleurs de ton cœur
Ne pourrait étancher ma soif
Dans ce désert ou mes os sont dessèches

Le goût de ton regret
Me laisse affamé
Nul autre sourire
Ne peut venir
Au secours de ma soif

Le feu de ta voix
Brule en moi
Cela me dépasse
Voilà, mon âme trépasse
Et je sens ton ombre se reforme
Au fond de moi à chaque instant

Amose Pierre Maintus

Notre bateau

L'encre est jetée
le bateau est parti
sans capitaine, ni passagers

Trop tard
il a pris le large
le temps ne peut l'arrêter

trop de peine, beaucoup de regret
le bateau est parti

Venu de loin

Le feu de midi

Cette froideur sur ta peau
Me frissonne le silence
Élégie de l'âme
Trébuchant l'errance

Amose Pierre Maintus

Traversons le temps

Venu de loin

Un rêve

Rêve étrange de profondeur illisible
Les souvenirs du passé sont sur mes lèvre
Une obsession brulante

Amose Pierre Maintus

Ma sève

Un liquide circule dans le phloème
Ta tendre voix résonne en moi
Comme un poème
Imites les mouvements de mon cœur

vivre sans toi
loin de ton visage
Un coffret de souvenirs
Trop lourd à porter

Venu de loin

Mon cœur

Emmène-moi au tribunal
Disculpe mon cœur

Emprisonne-moi, à l'écart
Libère mon cœur.

Induis-moi à l'égarement,
Eclaire mon cœur

Implique-moi dans un méfait,
Protège mon cœur

Insulte-moi, méprise-moi
Honore mon cœur

Invite-moi dans des délits
Esquive mon cœur

Amose Pierre Maintus

La négresse

Sous la splendeur du soleil,
Sa peau rayonne,
De la chaleur de son ombre
Elle se donne du plaisir
Esclave de sa liberté
Elle se dégage de toute entrave.

La cadence de sa marche
Nous ramène aux souvenances des corps étranges
De sa force une empire s'exhale,
De ses yeux,
La candeur juvénile s'étale.

Forte et avisée
Elle ne se laisse pas succomber à l'ivresse.
Plongée dans son sommeil réparateur sans rêve,
Elle ouvre son cœur
Au côté docile du soleil levant.

Venu de loin

Et Quand l'ombre intense de misère augmente,
Sans crainte, sans hésitation
Sa tendre main laborieuse invente sa destiné

Amose Pierre Maintus

Le fil d'araignée

L'araignée tisse soigneusement sa toile
Passionnant de son œuvre
Il sélectionne et performe

Tandis que L'homme
Brille dans la haine d'autrui
Et ses désir d'explorer l'au-delà
Il y va jusqu'à creuser son malheur

Venu de loin

Le brouillard

Soudain, le brouillard se dresse tel un nuage,
Impossible d'avancer

Un pas, deux, pas, et…plus rien,
Seulement la peur, et l'angoisse qui se propage.

Dans l'effroi ou les pas redeviennent un stage,
Survient la hantise
Et le regret parfois
Tel un grain
D'espoir qui se nait autour du paysage.

Mais, toujours rien,
aucun son,
aucun message
Qui annoncerait probablement un présage.

Apres l'attente,
l'envie de tourner la page
Revient toujours les pas confus

Amose Pierre Maintus

Incroyable, et accablant
Cette vérité me hante

Venu de loin

Le dernier jour

Un rideau s'est jeté, sur noir
l'incertitude patauge ton silence
Seul,
Face à ta richesse,
puis ta célébrité,
Et ton obsession pour le bonheur des choses
Enveloppe ta nudité.

Regard dans le vide,
tu fixes le plafond,
Ta préoccupation est ce chagrin profond.
Seul,
Hélas, entouré de souffle qui flatte,
Tandis que la solitude pèse ton âme et l'ajoure.

Le temps passe trop vite,
Des pensées te captivent,
Pendant que ton cœur palpite
Dans ton ombre.
Seul,
Avec tes vieux souvenirs:
mignons ou guignons,
tes compagnons uniques.

Amose Pierre Maintus

Le désir de tout recommencer te tourmente;
Mais, trop tard, la pression du départ augmente.
Seul,
Tu t'en vas, les mains vides
la tête tourné vers le passé
Seul,

Versifier la solitude

Amose Pierre Maintus

Le bruit du silence

Le bruit du silence affirme l'âme en balance,
Le silence effarouche l'âme la plus dense.
Ainsi, qui peut sonder l'épaisseur du silence,
Non, cet ouvrage est incertain et trop immense.

Le silence renverse le trône du roi,
Ah, il ébranle, de plus, alanguit la foi.
Or, en l'écoutant, tu entends ton propre émoi ;
Pourtant, il porte la délivrance pour toi.

Silence, ho, écoute le bruit du silence,
Ecoute donc ! Évite toute négligence.
Pour que ta vie ne soit pas une pénitence,
Ecoute ce bruit ! Il proclame l'éminence.

Venu de loin

La chanson du jour

Ainsi, le calme vespéral règne encore,
La brise de l'aube sème une voix sonore ;
Sonnant dans le silence comme une chanson,
Telle une mélodie, elle efface tout son.

Pour les matinaux, elle leur berce l'oreille,
Ceux qui sombrent au sommeil, elle leur réveille.
Cette voix féminine s'élève à l'aurore,
Elle parcourt la contrée et la revigore.

Plus en plus fort, elle pénètre la maison ;
La belle voix sort d'un cœur en effloraison.
Cette force emmenant de cette entonnaison
Nous l'éclaircissons ; Elle chante en toute saison.

…Ce matin…, plus rien, y a-t-il une raison ?
Ciel ! Ces cris de deuil, ont-ils une liaison
Avec la voix propageant son exhalaison
Tous les jours à l'aurore : << café grillé…>>

Cette voix était en sa pleine floraison,

Amose Pierre Maintus

Tous ces cris de deuil publient sa terminaison.
Dans les cœurs cette voix, pendant la lunaison,
Retentira autant qu'une péroraison.

Venu de loin

Entre le plaisir et l'amour

Le plaisir est partiel
Tandis que
L'amour est éternel

Le plaisir est charnel
Alors que
L'amour est spirituel

Ho, le plaisir enivre
Pendant que
L'amour, lui, il enchante

Le plaisir passionne
Cependant
L'amour même raisonne

Le plaisir est humain
Et pourtant
L'amour, lui, est divin

Ho…, homme divin, jouissons du plaisir de l'amour
pour trouver le bonheur.

Amose Pierre Maintus

La différence

A ta naissance, le monde sourit ; tu pleures
La différence,
A ta mort les gens pleurent ; tu fais le silence

Au jour de ta naissance, on fixe ton regard
La différence,
Au soir de ta vie, on évite ton regard

Sur ta route, la peine vient ; tout est amer
La différence,
Sur ce même chemin, la joie vient : tout est beau

Dans l'opulence, l'homme pense : pourquoi lui,
Non moi ?
La différence,
Dans la misère, il demande, ho, pourquoi moi,
Pas lui ?

Certains s'obstinent : après la vie c'est la mort
La différence,
D'autres croient très fort : après la mort c'est la vie

Tout est différent dans ce monde

Venu de loin

Qui se soucie guère de la différence.

Amose Pierre Maintus

Ne lâche pas

Ne cesse jamais de lutter,
Même si tu dois, quelquefois, verser ton sang.
Marche continue de lutter,
Même si tu dois parfois sortir de ton rang.

Ho, même si l'obstacle est impressionnant,
La volonté rendra ton chemin émouvant.

Et regarde droit devant toi,
Va, et ne retourne jamais en arrière.
Quand tu trébuches, aie la foi,
N'hésite pas, avance la tête altière.

Crois aux succès, oublie ta proche barrière,
Tu traverseras sans brancher la rivière.

Ne pense ou ne dis surtout pas,
Hélas, je veux avancer et réussir mais !
Souviens-toi, et n'oublie pas
Que les problèmes ne se terminent jamais

Ils changent simplement, attention au forfait !
Crois en ton avenir, tu le rendras parfait.

Venu de loin

Amose Pierre Maintus

Ma dévotion

Ma dévotion envers toi
Est évidemment un vrai don
Ma dévotion envers toi
Est le produit de ton pardon
Ma dévotion envers toi
Est le fruit de mon abandon

Venu de loin

Toi

Au milieu d'une foule, tu ne vois que toi,
Au milieu du désert, tu cris encore et toi,
Même dans l'abondance, tu veux tout pour toi.
Aucun regret, tu regardes seulement toi,
Et tu réclames, la gratitude envers toi.
Tu souhaites que tout se converge vers toi.
Dans ta pensée, le monde existe grâce à toi,
Tu exiges, exaltes que tout est à toi.
Par ton appétit, tu diriges tout sur toi,
A chaque fois, il y en a juste pour toi.
Tout pour toi, rien que pour toi, seulement pour toi.

Amose Pierre Maintus

L'escalier

Il parait que tout est lié, tout semble se relier,

L'existence, même, est une construction d'enlier ;

Car, tôt ou tard, on aura de la compagnie sur son palier.

Or, dans le but d'assurer son succès, il faut savoir s'allier,

Autrement seul, on se trouvera, définitivement, dans le cellier.

Ou indéfiniment, on sera une perle, solitairement, hors du collier.

Alors, la défaite paitra à l'horizon. Maintenant, essayons de le pallier.

En unissant, nos forces, nos savoirs ; afin de manger à plus d'un râtelier,

Par ce chemin, on atteindra assurément le sommet, car la vie est un escalier.

Venu de loin

31-Le duel

Tous disent que la vérité très souvent blesse,
Alors que le mensonge sème la détresse.
La vérité augmente toujours la noblesse,
Le mensonge caractérise la faiblesse.

La vérité te conduit vers la chasteté ;
Le mensonge t'induit à la méchanceté.
Ceins-toi de la vérité, trouve l'unité,
Tu bénéficieras de la fraternité.

Fuis le mensonge, sinon, il te détruira,
Clame la vérité, elle te sauvera.
De ce fait, Ce duel existe parce qu'enfin,
La vérité détermine le féminin,
Pourtant, le mensonge est du genre masculin.

Amose Pierre Maintus

Venu de loin et autres poèmes

Venu de loin

Le bonheur sourit aux enfants
Comme le jour qui rougit pour les roses
Je me souviens de mon enfance
Les questions innocentes
Et les nuits qui ne font pas pleurer

Amose Pierre Maintus

Je me retrouve en toi
La sécheresse m'abime sans ton humour.

Tes mots, ton sourire,
Font l'honneur de mon bonheur

Je pourrais oublier l'odeur de tes bras
Si les miens cessaient de retenir ta chaleur.

Venu de loin

Je suis venu de loin, j'ai traversé des continents pour te retrouver. Mais en te voyant, j'ai envie de pleurer. Dans tes yeux s'étale la misère et la honte. Et ton corps n'est que le restant de ce que tu étais. Tu as déjà versé toutes les larmes de ton corps, telle est la cause de cette sécheresse qui te dévore. entourée d'une multitude d'enfants, pourtant tu es seule au bord du précipice, rien ne te retient, sauf la bienveillance de Dieu. Ton improductivité produit ton malheur et te plonge dans la solitude.

Chaque jour la détresse t'approche de plus en plus ; le visage abimé, les pieds languissants, te voilà maintenant épuisée de fatigue et délaissée. Toutes ces luttes t'ont abimée, car la division au sein ta maison t'épuise. Regard perdu, l'air abandonné, tu traines dans le sable en été et en hiver tu patines dans la boue. Le soleil t'irrite, la pluie t'effraie. Aucune saison ne t'est favorable. Probablement, le désir du progrès ne t'habite plus. Tout est incertain pour toi. Et ton incertitude te conduit à l'instabilité, et l'instabilité te dirige vers la misère. Tes amis te blâment, tes ennemis te méprisent. Et ton nom est inscrit dans la liste des mendiants.

Tu n'es plus aimée, flatté pour la stridence de ton faune, tu es devenu le rejet de tes proches.

Tes biens sont dilapidés par tes fils. Déjà le regret de les avoir enfanté te ronge, mais, tu les aimes encore, ton amour pour eux est indestructible,

Amose Pierre Maintus

tu es incapable de les détester, pourtant tu pleures encore tes premiers fils: eux ils ont su t'aimer et verser leurs sangs pour toi, et ce sentiment d'amour t'a libéré des rouilles des chaines et de l'indulgence des fouets.

Venu de loin

Fabuleux ! Sans le secours d'aucune autre main, Les regards fixés sur un meilleur lendemain, tes premiers fils avaient rudement combattu tes anciens ennemis, ils les avaient tous battus pour conquérir ta précieuse liberté ; tu n'étais plus une propriété, mais 'Tu étais libre'… ho oui, libre…cette proclamation, te portait à vivre, Elle avait retenti sur les montagnes, dans toutes les villes et les compagnes, La nouvelle fut répondu ! et ton nom s'était étendu, tandis le pouvoir de ton courage qui te distinguait de ton entourage, était ensemencé en tes gendres. Ils avaient marché sur des cendres.

En travaillant durement pour ta liberté, tu avais trouvé ta vraie valeur. Ils n'avaient pas mangé le fruit de la paresse, Et ils ne s'étaient point succombés à l'ivresse. En travaillant durement pour ta liberté, tu avais trouvé ta valeur : ''la dignité.''

Amose Pierre Maintus

Pour les incrédules, tu étais une merveille. Car nul   accompli une prouesse pareille, ton renom faisait le sujet de discussion; de tous les rangs, c'était vraiment une passion. Les exploits de tes fils étaient faramineux, seuls, ils avaient accompli des faits prodigieux. Ils étaient devenus brillamment des héros, ce n'était pas un simple titre, c'étaient des vrais héros et le délice de ton épanouissement avait favorisé ta beauté

Venu de loin

Ou est passe ta beauté qui éclaboussait tes adversaires, du même coup soulevait l'admiration de tes amis,

Tes voisins étaient ébahis. Étant subjugué devant de telle beauté, Ils en avaient gardé vraiment une fierté.

Ton aspect répandait la jeunesse éternelle; et Cette appellation était universelle :

'' la Perle.'' Sous l'éclat du soleil tu scintillais,

La perle, sous la pluie, tu brillais encore. C'était réel! ho, ton irréductible splendeur

Surpassait tous ; en s'abaissant devant ta grandeur, tes proches, fascinés, s'inclinaient devant toi

Et tes admirateurs s'étaient rapprochés de ton toit.

Ainsi, ta magnificence resplendissait comme les rayons du soleil. Tes ornements rares rehaussaient ta beauté, ceci fleurait ta noblesse et ta rareté. Parmi toutes, tu étais la plus attrayante, en ce temps, ton histoire était la plus brillante. Pour te voir, les étrangers avaient traversé des océans, et ils avaient tant adoré ton abord, et encore plus ton paysage; le délice se lisait sur chaque visage. Voilà, comme on t'appelait: paradis sur terre

Ils avaient trouvé en toi le trait d'une mère.

En tout, on voyait en toi, un prodige, l'ébahissement des unes faisait ton prestige, L'extase des autres croissait ta majesté. Alors, Ton éclosion affirmait ta beauté. Oh! Tant de valeurs réunissaient pour emplir ta brillance qui était mis à t'enrichir.

Amose Pierre Maintus

En nature et en espèce, ta fortune était reconnue, Tes trésors montaient en dune dans tes tanières; Et des multiples métaux précieux remplissaient tes terres, et tes eaux. Ah! Dotée d'une infinie préséance issue
De ton destin, ta fortune s'était accrue. Par la force et la perspicacité de tes gendres, tes trésors étaient nés des cendres. Les assises de ta maison étaient réelles. Car, Grace à l'indépendance de ta fortune, tu pourrais même te procurer de la lune. Cette assurance te menait vers des exploits, tous tes fils étaient heureux sous ton toit.
Ton aise attirait les regards des étrangers, qui étaient venus voir tes biens viagers
Grace à ton cœur ou ton sens hospitalier, Certains d'entre eux avaient décidé de rester, tu les avais tous nourris et hébergés. Ah, Personne n'en avait une ombre de doute, ta fortune était confirmée, toute ton assurance, ton renom n'avaient failli en rien ; Les étrangers surpris avaient crié bravo pour tes fils, qui avaient si durement lutté, Dans le seul but de sauvegarder ta fierté.

Venu de loin

La tête altière et hauts les fronts, voilà comment tu te promenais. L'honneur, La gloire, la fortune, faisaient ton bonheur. La construction de ton identité –ho, oui, se reposaient sur ton savoir-faire, l'appui des autres n'était qu'un simple léger support, car, tu n'avais développé aucun rapport de dépendance avec quiconque ; la fierté
de ton indépendance avait tant envoûté tes fils, qu'elle était même l'aliment qui nourrissait
leurs courages, qui dans leurs chemin les poussait à te donner, par la vigueur de leurs labeurs,
une place, aussi un nom parmi les meilleurs.
L'idée de te nier leur était insupportable, car, ils t'aimaient d'un amour incommensurable. En œuvrant pour affermir ton autorité, Ils avaient, aussi, renforcé ta fierté. Ton prestige était sans égale, elle donnait
le ton à tes semblables, grâce à ton portrait,
Ils avaient trouvé la voie de l'imminence; Nul ne pouvait te résister, ta bienveillance s'était étendu sur d'autres sols, sans gain, ta main avait secouru tes amis, pour enfin,
Leurs ouvrir le passage de la liberté, ce qui avait bien révélé ta charité. Et La réalisation de ton rêve, celui
d'épauler tes identiques t'avait conduit vers la fierté du juste sens du devoir. De cette fierté avait surgi l'espoir.

Amose Pierre Maintus

Un lendemain meilleur, était la seule devise de tes gendres, par cette volonté acquise avec acharnement, ils œuvraient en dignité. En s'unissant pour préserver ta liberté. Aussi, travaillant pour conserver ta beauté, ils luttaient pour sauvegarder ta fierté, car, ils s'appliquaient pour protéger ta richesse, dans un esprit d'harmonie et de noblesse. Ces visions véhiculaient l'espoir dans leurs cœurs,

Ainsi, les rendant, chaque jour, plus que vainqueurs.

Aujourd'hui en t'examinant, les pleurs dans l'âme, je ne pense qu'aux souvenirs d'une radieuse jeunesse, mais, trop courte. Comme un papillon disparu en plein envol, tout s'est volatilisée en une vapeur, c'était comme si nous avions tous rêvé.

Ta splendeur s'évanouie, à ce réveil douloureux. Et maintenant, tout ce qui te reste, ''c'est une belle histoire ''.

Y a-t'il encore d'espoir ? Avec une liberté piétinée, une beauté fanée, une richesse dilapidée, une fierté perdue, peut-on espérer un avenir meilleur ou la disparition de tes valeurs a terni ta renommée. Devant cette sombre évidence, le mot espoir s'effondre dans un précipice perpétuel.

Cependant, si tu te secoues pour te retirer tous ces cendres, si tu te dresses pour regarder le ciel, tu verras autant que le soleil subsistera, il y aura toujours et encore de l'espoir.

Venu de loin

Amose Pierre Maintus

Poèmes et pages

1- Elle	*Page: 7*
2- Paradis	*page: 8*
3- Profondeur	*Page: 10*
4- Vagabond	*Page: 11*
5- Regret	*Page: 12*
6- Tristesse	*Page: 13*
7- Mélange	*Page:14*
8- Ta source	*Page: 15*
9- Ton envol	*Page: 16*
10- Misère, misère	*Page: 17*
11- À la découverte de soi	*Page: 18*
12- Ici	*Page: 19*
13- Toi et moi	*Page: 20*
14- Notre bateau	*Page: 21*
15- Le feu de midi	*Page: 22*
16- Un rêve	*Page: 24*
17- Ma sève	*Page: 25*
18- Mon Coeur	*Page: 26*
19 La négresse	*Page: 27*
20- Le fil d'araignée	*Page: 29*
21- Le brouillard	*Page: 30*
22- Le dernier jour	*Page: 32*
23- Le bruit du silence	*Page: 35*
24- La chanson du jour	*Page: 36*
25- Entre le plaisir et l'amour	*Page:38*
27- La difference	Page: 39
28- Ne lâche pas	*Page:41*
29- Ma devotion	*Page: 43*
30- Toi	*Page: 44*

Venu de loin

31- L'escalier   Page: 45

32- 31-Le duel   Page: 46

33- Venu de loin et autres poèmes   Pages: 47

Amose Pierre Maintus

Amose Pierre Maintus est née à Limbé en Haïti, dans le département du nord. Elle a fait des études en administration à l'Université Notre-Dame du Cap-Haïtien. Elle a aussi un diplôme de Sexothérapie à l'Université Franco-Haïtienne du Cap-Haitien. Venu de loin est son deuxième ouvrage, après avoir publié son premier roman « Soudain, un rêve… ».

Venu de loin

Amose Pierre Maintus

CMS Book Publishing
1017 W. Oak Ridge rd, Suite D
Orlando, FL-32809
407-952-5182
cmsbookpublishing@gmail.com
www.cmsbookpublishing.com

Made in the USA
Lexington, KY
19 May 2019